눈물의 멀미

박복영 시집

문학의전당 시인선
154

눈물의 멀미

박복영 시집

문학의전당

시인의 말

어둠이 소멸된 여백에
완강하게 흐르는 햇살처럼
서럽게
생성되는
기억 혹은 망각들……

여기에 둔다.

2013년 봄에
박복영

차례

제2부

제3부

제4부

제1부

해질 무렵

찰랑, 육교 앞에 엎드린 늙은 사내의 손바닥에 은전이 떨어진다.

밥그릇에 고이는 허기

내가 놓아버린 생각이 떨어져 부딪히는 순간, 늙은 사내가 기다려온 생각은 무엇이었을까

손바닥을 쓸고 가는 닳은 바람이 떨어뜨린 햇살의 무늬였을까

꼬막 껍데기 같은 손톱에 소리 없이 스며드는 어둠과 말라버린 눈꺼풀을 열면 아직, 고여 있을 눈물의 방을 끌어안은 늙은 사내가 쟁여두었던 지친 생을 밥풀처럼 떼어먹는지 연신 고개를 끄덕인다.

환해지는 불빛들이 집으로 가는 길을 밝히는데

밥

저 유모차는 밥그릇이다
기역자로 꺾인 할멈의 허리가 미는 밥그릇에
삐뚤삐뚤 쌓인 종이박스가 덜컹거릴 때마다
출렁이는 생계
흔들리는 밥알이 흘러내릴까
느린 걸음은 조심스럽다
더딘 발자국을 따라 쏟아지는 햇살이
밥그릇에 담긴 채 출렁거린다
햇살에 말아놓은 종이밥이 차오르는 동안
환해지는 새벽이 아직 차가운 듯
밥그릇을 꽉, 쥔 닭발손마저 시립다
찬바람이
굵은 주름뿐인 얼굴을 헹궈내며 안쓰러운 듯
고봉밥을 밀어준다
행여 흘릴까 밥그릇을 따라
검은 개가 그림자 속으로 숨어든다
한 끼가 멀어져간다

파문

워매.

폭우에 반쯤 쓸려나간 감자밭에 불알처럼 드러난 알 감자들.

워매, 어찌하믄쓰까. 낼만 지나믄 캘락했는디. 워매. 어깨쭉이 쑤셔 비올랑갑다 했드만 저놈들이 아프게 한갑다. 돌멩이로 쪼는거맹 쑤시더랑께. 워매, 내 가심이 벌떡벌떡 해뿌네. 어찌하믄쓰까.

어쩌겠는가. 워매하고 입을 벌리면 입안 가득 고이는 고통을. 순간일지라도 상처는 깊다.

구름 세탁소

무거운 먹장구름 얽힐수록 구름 속에선 죽은 사람의 이름이 꽃으로 피어나겠다. 살면서 상처 하나쯤 없어도 될 생각이라면 그것은 어리석겠다. 흰 토끼풀꽃 무더기로 붉게 타들어가는 뙤약볕 아래

바싹 마른 대지의 살갗이 갈라지고

미처 깨어나지 못한 뿌리들이 느리게 숨을 조절하는 동안 상처처럼 찢어진 대지를 깁는 소낙비 내리겠다. 빗방울은 찢어진 대지를 깁는 재봉틀이겠다. 먹장구름은 세상을 수선하는 세탁소겠다.

투명한 물실을 뽑아 햇살 바늘로 기웠으니
아무런 자국도 남지 않아요.

오래된 세탁소의 내력은 단단하겠다. 탁탁탁, 늘 일정하게 걸어가는 재봉틀 바늘처럼 서두르지 마라. 어깨를 다독이며 살아보자, 살아보자 비 오는 날에도 문을 연 구름

세탁소. 소낙비 그치니,

오늘은 임시휴일, 문 닫았겠다
푸른 영혼들
외출을 서두르느라 산길이 환하겠다.

해바라기, 그 점자책을 읽다

불치의 병처럼 고개 꺾인 해바라기 곁으로
나른한 오후의 햇살이 환한 불을 켜는 동안
오래전 잃어버린 말을 찾아
벌들이 잉잉거리며 날아듭니다.
바람이 불 때마다 책장 넘기는 소리에
내 몸 안에 심어둔 씨앗에서
푸른 잎이라도 틔울 듯 아우성입니다.
피지 않은 꽃봉오리보다 시든 꽃잎은 알까요.
언제부턴가
가장 낮은 자리를 찾아 떠돌던 바람들이
끝내 토해버린 노란 가을 속으로
아직 당신에게 말하지 못한 말들이
까맣게 익어가는 이유를요.
시들어가는 꽃잎 곁으로
분주하게 날아드는 벌들이
지난여름의 행방을 물으며 겸손을 배우는 한때,
세상의 시선처럼
아래쪽으로 펼쳐진 점자책을 더듬으며

나는 당신에게 말하지 못한 말들을
오래도록 읽습니다.
햇살이 벗어놓은 체온을 가장 낮은 자리에 둡니다.

물의 말을 듣다

매끈한 듯 울퉁불퉁한 물낯을 들추자 파닥거리는 물의 말들. 들린다.

쏴아, 물이 미끄러지며 달려가는. 꾸륵, 물살 지느러미가 돌을 차고 오르는. 화아, 침잠하는 물빛에 햇살이 얼굴을 씻는. 까딱, 물풀이 물결을 잡아당기며 일어서는.

말들이 세월을 이끌고 왔던 것

깨진 거울처럼 물의 혼잣말은 굴절되었을까. 아무도 알아듣지 못한 말이 층진 채 기울어져 있다. 퉁, 닿기만 하면 튕겨 나올 말들의 뼈마디가 시퍼렇다.

이제 말들은 쉬고 싶은 것이다.

양은냄비 뚜껑 손잡이 같은 어미의 까만 젖을 더듬듯 하류의 늙은 말들이 아이가 된다. 아이의 말은 순결하다. 문법도 형식도 없는 아이의 말을 들으며 서성거리는

물낯의 근육도 풀어지는 나른한 시간

뿌리박고 살면 고향이제.
머리 내민 돌멩이가 씨부렁거린다.

늙은 소

선술집에 앉았는데 누군가 찾아와 유리창을 두드렸다 돌아보면 어둠뿐 아무도 보이지 않는데 자꾸만 누군가 내 이름을 불렀다 빈 술잔에 술을 따르자 쪼르륵, 흐르는 소리를 따라 돌아갈 수 없는 날처럼 구부러진 길이 속살을 드러낸 채 멀리까지 이어졌다 나는 아련한 속살을 더듬어 길을 떠났다 불빛들이 띄엄띄엄 이정표처럼 선 길을 걷고 또 걸었지만 가난한 바람으로 꺾인 발굽 상처는 더욱 짓물렀고 등짝에 짊어진 생의 무게로 나는 날마다 괴로워했다 오랜 고행의 흔적처럼 가는 내 발목은 뼈만 앙상했고 길이 되지 못한 발자국들을 두고 온 짚신은 해진 채 나뒹굴었다 지칠 대로 지쳐 맨발로 주저앉은 자리 내가 알아보지 못한 발자국들이 길이 되어 남아 있었다 괴로움에 길을 찾지 못한 것은 내 생이 어리석었기 때문 상처를 안고 걸어가다 죽을지언정 부질없는 바람쯤 툭, 털고 일어서려는데 누군가 내 어깨를 두드렸다 돌아보니 주인인 듯 내 고삐를 들고 서 있었다

무너진 빈집

오래된 빈집의 흙벽이 와르르, 무너졌다.

한 가족의 안과 밖을 지탱했던 흙벽 속 대나무들이 당신을 처음 만난 기억처럼 고스란히 박혀 있다.

아, 어쩌다 저런.

알전구 스위치를 돌리면 흙과 비벼 넣은 지푸라기 몇 가닥에 전기가 흐를 것만 같았다.

집도 사람과 같아 사람 온기를 쬐야 하는 법.

무너진 흙벽에 햇살이 초인종을 누르는 동안 두근거리는 맥박으로 환해지는 무너진 빈집.

첫사랑을 기억하는지 흙벽 얼굴이 자꾸만 화끈거렸다.

동련(冬蓮)

저 노인은 어리석다
목말라 주저앉은 노인의 기다림이 품고 있는
고요가 그러하고
고인 물 바닥을 깨문 얼음조각의
침묵이 그러하다
고인 물에 갇힌 땅과 하늘 사이
바닥이 그러하고
울퉁불퉁한 흙바닥과 흙바닥을 움켜쥔
노인의 채우지 못한
중심이 그러하다

바닥은
먹구름도 걸어둘 수 없는 벽
듬성듬성 떨어져 나간 벽지 사이
바삭거리며 노인의 옷자락이 부서진다
부서짐은 또 다른 생성을 낳는 일
바람이 수런거리며 소리를 모은다
노인의 등 뒤에 고인 소리들을 쥐어짜면

먹구름의 말들이 주르르 흘러내릴 것만 같다
제 몸 다 내어준 채 주저앉은
저 노인은 어리석다

밥통

찬밥에 물 말아 먹는다
씹기도 전에 목구멍을 넘어가는 밥알들
지난여름 홍수에 휩쓸린 아버지다
눈물에 말아 먹어도 시원찮을 밥통
보리밥 같은 알전구 불빛 아래
껍데기는 찌그러진 채 낡아 가는데
아직 잔고장 하나 없다
때가 되면 어김없이 밥줄을 당기는 입안의
이빨들. 완강하다

오래된 양은주전자처럼
속살 하얗게 각질 돋아나는 중년
타오르는 석유곤로 불빛을 당겨
구두를 닦는 밥통이 달그락거린다
탕탕, 두드리고 문지르며 낡아온 밥통은
중년이 낯설기만 한데
석유곤로에 올라앉은 양은주전자가
씩씩거리며 말을 건다

손끝에 묻은 구두약만큼 식구들은 따뜻했을까
찬밥을 덥히며 찬밥이 되어가는 밥통을
보리밥 같은 알전구 불빛이
굽은 어깨를 다독인다

밥줄

밥상을 중심으로 끼어드는 식구들이
밥줄을 만들었다
입에서 입으로 당겨졌다
젓가락을 집어
입에 묶는 밥줄이 많아질수록 아이들은
거미처럼 팔다리가 가늘고 길어졌다
밥줄은 늘어난 내 나이의 힘줄
밥 한술에 묶인 밥줄이 엉키는 동안
나는 수저를 뜨거운 국그릇처럼 들고 밥줄을 당겼다
한 끼의 밥에 늘어난 밥줄이 엉키고 엉키면서도
다시 팽팽하게 당겨지던 밥줄은
얼마나 질겼던가
훗날 저 밥줄에서 날개처럼 잎이 돋아날 것이다
아이들은 날개를 팔랑거리며
지상으로 내려설 것이다
밥줄을 챙겨 돌아온 저녁이면
벗어놓은 신발에서 밥 냄새가 났다
누구에게나 밥줄은 있다

오래된 시선

대숲을 빠져나온 바람보다 먼저 땅거미가 문 여는 저녁. 마루 밑의 개 짖는 소리가 기다림만큼 멍멍했을까.

방문 앞에 놓인 소포를 풀어놓고 알전구 불빛조차 켤 수 없었다. 밀가루 포대 종이에 삐뚤삐뚤한 글씨가 어머니의 주름진 삶처럼 쓰여진 채, 붉은 노끈이 그물처럼 칭칭, 동여맨 매듭을 풀자 떼구르, 달려 나오는 홍시 다섯 개.

“잘 있제. 너그 누이가 맛나다고 댓개 가저왔드라 달작지근헝께 출출헐 때 묵고 몸 건수 잘혀라.”

무딘 손이 서럽게 저녁을 짓는 동안 아궁이 속 장작불에 숨어 있던 오래된 햇살들이 탁탁, 튀어나와 고단한 일상을 덥혀주었고 뒤란에선 없는 것이 얼마나 많은지 알기라도 하는 듯 나무들이 툭툭, 마른 잎들을 털며 길을 나섰다.

빗방울들이 길 잃을까 바람이 벚꽃잎들을 떨어뜨리며 아침을 기다리다 잠이 들었지만 나는 잠들 수 없었다.

몇 개의 풍경이 있는 대숲 아래서

대숲이 바람에 꿈틀거린다
길을 찾는 진눈깨비들이
푸른 잎의 출처를 묻는 동안
거미줄처럼 공중에서 하루치 노동을 찾는 바람들로
대숲은 늘 부산하다
어쩌면 해묵은 의문일지도 모를
푸른 잎마다 걸린 바람의 수심마저도
흔들리는 기억의 뒤편에서 안부를 물을 뿐
마디마다 쟁여진 햇살은
목마른 기억 하나로 뿌리의 사랑을 찾아야 한다
검붉은 흙을 움켜쥔 뿌리들 곁으로
길 잃은 고라니의 발자국처럼
불면의 호흡들이 하얗게 쌓이는 사이
생각의 푸른 잎들은 오래도록 자라날 것이다
기울어지는 어둠 속으로
되새 떼들이 돌아와 풍경을 채우기 시작하고
누군가 보낸 편지처럼
마을 쪽으로 저녁 불빛이 환하게 수런거리면

초겨울 대숲의 침묵은
따뜻한 몇 개의 문장들을 기억하며 뒤척이리라
내 안의 푸른 생각들이
맑은 바람에 귀를 씻고 돌아서고
나는 대숲 어딘가에 있을
몇몇 기억의 발자국을 찾아 서성거린다

세발자전거

노인이 물음표로 서 있다
누가 잃어버린 자신의 기억을 묻겠는가
휜 허리가 지팡이에 기대어 숨 고르는 동안
돋보기안경은
몇 장 남지 않은 기억을 찾는 듯 두리번거린다
페달을 밟으면
점으로 길을 찾아가는 세발자전거
새로 장만한 앞바퀴에
노인의 뒷바퀴는 걱정이 없다
무엇을 묻고 싶은 걸까
시멘트 바닥에 떨어뜨린 시력이
두리번거릴수록 슬픔처럼 속도는 느려졌다
저 굽은 어깨 안에 고인 눈물을
꽉 쥐어짜면 굵은 주름이
바큇살처럼 팽팽하게 당겨질까
몸 안에 낡은 바퀴소리가 아직 털털거린다
속도를 잃어버린 채 방향마저
구불구불한

점점 느려지는 세발자전거
금세 멈춰서 길을 묻는지
뜯어진 기억 같은 누런 손수건을 들고 말을 건다
세발자전거 어깨를 다독이는 햇살이
환하다

활

저 활은 누구도 쏠 수 없다
대합실 바닥에 웅크려 누운 늙은 사내는
사방이 꽉 막힌 어둠의 방에
제 몸을 구겨 넣은 채
금간 삶의 밥그릇을 꼭 껴안고 잠들었다
어둠에 박힌 별을 향하여 날아갈 듯
낡은 몸 화살을 겨눈 저 사내
어둠에 몸을 씻고 어디로 가려는 걸까
걱정 많아 갈라진 시멘트 바닥의 눈이
깊어졌다
휜 등만큼
몸 안에서 골 깊은 기침소리가 쿨럭거릴 때마다
굽은 몸의 시위가 팽팽하게 당겨졌다
나도 한때 굽은 몸 안에
몸 화살을 세우고 서성거리기도 했으나
늘 발자국은 포물선을 그리며 흔들리다가
지워지곤 했다
흔들리는 모든 중심은 바닥에 있다

바닥을 딛고 일어서기 위해
굽은 몸이 시위를 당기는 동안
늙은 사내의 금간 밥그릇에 새살이 돋는 걸까
접힌 무릎을 펴는
햇살의 체온이 따뜻했다

골동품 가게를 둘러보다

통로는 동굴 같았다.
청동화로는 뜨거웠던 한때의
낯익은 체온을 꿈꾸며 푸른 잠이 들었고
누이의 얼굴처럼 조그만 경대는
풋풋한 분내를 여민 채
누군가를 기다리는 듯 앉아 있었다.
뚜껑을 열면 금방이라도
누이의 큰 두 눈이 씀벅거릴 것만 같았다.
햇살이 후끈거리는 바람을
통로에 불어넣을 때마다
백자에 새겨진 포도알들이 익어가는 듯
묵묵히 시간을 들여다보았다.
간격 없이 균형조차 풀어놓은 좁은 통로는
누구나 처음인 것처럼 천천히 걸었다.
어느 곳에선가 보았을 이름들이 숲처럼 우거진
통로는 동굴 같았다.
형광등 스위치를 넣으면
벽에 걸린 초상화에선 금방이라도 기침소리가 터질 듯

고요가 팽팽했다.
먼지들이 묵묵히 침묵의 더께를 덮은 채
숨을 멈춘 동안
주인의 긴 하품처럼 시대의 시신경들이 잠든 통로엔
미래의 걱정으로 어둠이 한층 짙어지기도 했다.
우리의 시대는 어디로 가는지 알 수 없는 오후.
동굴 같은 통로를 빠져 나오며
나는 오래도록 낡아가는 나를
생각하였다.

소리의 건축론

창문으로 새어나오는 김을 따라 들어선 골목이 불빛에 기우뚱, 기울어진다. 다닥다닥 붙은 선술집 사이 채 닫히지 않은 샘물집 출입문 사이로 흘러나오는 뱃사람들의 사투리가 가파르게 밀려오던 파도 같은 삶을 밀어 올린다. 책받침에 달라붙는 머리카락처럼 낮은 천장에 달라붙는 악착같은 이야기들. 뭐땜시 나가, 엉킨 그물을 짤럿깐디. 샘물집은 뱃사람들의 비린 삶이 기워놓은 소리의 집이다. 짜그락거리는 젓가락과 소주잔의 부딪치는 소리가 형광등 불빛 아래 쭈그려 앉은 내 삶을 흔든다. 흔들릴 때마다 목젖이 밀어 올리는 쓰린 삶의 향내. 조금만 더 참아보자며 사투리마저 둥글게 말아 허공에 던져놓는 동안 뱃사람들이 앉은 의자에선 그물추처럼 묵직한 삶의 중심이 박히고 그 중심을 중심으로 던져지는 서러운 비린내 같은 문장들이 귓속으로 들어와 내 몸을 깨운다. 내 몸의 중심은 귀에 두리라. 빗방울이 유리창에 달라붙어 귀 기울이는 늦은 저녁. 입간판을 따라 휘어진 골목길이 환하다.

제2부

이유

빗방울이 수면에 동그라밀 그려놓을 때마다 풀어지는 문장들. 검은 구름에 붙은 단어를 찾아 떡붕어들이 지느러밀 흔들며 입을 뻐끔거린다

물은 언제나 삶에 익숙했다

수면이 문장들 이쪽과 저쪽을 팽팽하게 잡아당긴다 어느 쪽으로도 기울지 않는 문장이 서로를 접속사로 묶고 있다 그러므로, 그러나, 그리고, 그래서

우리는 살아가는 거다

뜰채가 땅바닥에 닿자 뜨거운 듯 펄떡거리는 떡붕어가 토해놓는 문장들이, 은빛비늘이 붙었던 자리에 달라붙어 물을 찾는다 분명, 거슬러 오르던 세찬 물살을 기억하는 것이다

지상의 삶은 어디에서나 뜨겁다

양철북

지하창고 계단을 딛고 내려선다
환풍구가 빨아들인 햇살이 어둠의 살갗을 찢을 듯
날카롭다
무게중심을 한쪽 발에 놓을 때마다
아버지 목소릴 듣는다
목소리가 커질수록 부챗살처럼 커지던
불안들
지하에 갇힌 고요가 날개를 펄럭이며 벽에 달라붙는다
저, 펄럭이는 고요의 문양을 귀에 새기며
귀를 닫는다
닫힌 귀 안쪽에 상처로 새겨진 소리들
양각으로 만져지는 흉터에 돋아나는 문자를 더듬어
읽는다
상처 없는 생이 어디 있겠는가
어둠의 뼈를 추려들고
숨차도록 생의 계단을 오르내리기도 했던 한때,
나에게도 양각으로 새겨진 문자가 있었다니
올라가렴,

어둠은 너무 춥지 않니.
도드라진 흉터에 돋아나는 어머니 말씀이
둥둥둥,
얇은 내 몸을 두드린다

가을 편지

은행나무 잎 노오란 뒤란이 가벼워, 마당 쪽으로 햇살이 기웁니다. 벌들이 잉잉거리며 책을 읽던 화단에 마지막 페이지처럼 꽃이 지고.

추수가 끝난 밤하늘에 고봉밥처럼 둥근달이 환합니다. 곧 밥그릇 비워지고, 찬이슬 내리면 허기진 새떼들은 어디로 가야 할까요.

산다는 것은,
오이에 스민 된장물을 꾹, 짜낸 장아찌처럼
울음 뚝, 그치는 것

당신을 기다리다 눈시울 뜨거워져 아궁이에 장작불 피워놓고 찢어진 문풍지 발라 붙이며 하얀 이불홑청 빨아 풀 먹입니다.

처마 아래 묵은 메주 시큼하게 매달아두고 아랫목에 술밥 고슬하게 익어 가면 열어둔 문틈으로 풀벌레 울음소리

숨어드는 풍경에 앉아 편지를 씁니다.

부디, 아프지 말아요.

귓속말

선운사 일주문에 들어선다.
돌담 따라 까치발을 든 벚꽃들이
가위바위보를 하다 말고 하릴없이 웃는다.
박새 한 마리 알았다는 듯
따라 웃는다.
웃음소리가 간지러운지 꽃잎들이
바람결에 몸을 비틀다 화르르, 떨어진다.
떨어진 자리마다 그리움처럼
화농의 상처 뚜렷하다.
울다 말고 웃어버린 저 상처는 누굴 생각했을까.
웃다 말고 울어버린 그 순간, 상처는
정말 꿈꾸었을까.
나른한 잠을 털고 술래가 되어버린 나는
일주문에 들어서다 멈춘 채
두 손을 모은다.
무엇을 얻고자 가는 길인지
적멸보궁 같은 일주문에 서서
꽃 진 자리에 고갤 숙인다.

꽃잎들이

화무십일홍(花無十日紅)이라며 귓속말처럼 떨어진다.

늙는다는 것

나, 잠깐 다녀온 객지에서
집 마당에 와 문을 여니
나를 기다리다 쭈그려 낡아버린 빈집.
나는 이 빈집을 황혼이라 말하겠다.

황혼의 고통은 말이 없다.
굵은 무늬로 움켜쥔 시간들이 뿌리다.
깊은 골과 늘어짐 끝에 가까스로 매달린 서러움
나는 이 서러운 뿌리들을 고독이라 적겠다.

분명, 황혼과 고독 사이 경계에 사람들이 지나는데 왜,
황혼의 어둠은 외로울까. 당신은 고독 속 시간들을 만나
잠깐, 다녀온 객지 소식들을 물을 것이고

혹은 그 무엇을 물을 것이나

그래, 그래도 더불어 살아온 당신에게
따뜻한 햇살 한 그릇 올리고 싶다.

무늬에서 문장을 찾다

소낙비가 목공소 양철지붕을 두드린다. 스며들지 못한 빗방울들이 지붕 아래 소리들만 가득 풀어놓는다.
어디 있을까

장목수의 오른팔이 뒤로 밀릴 때마다 둘둘, 말려나오는 대팻밥에 땀방울이 떨어져 스며 번진다.

그는, 실밥 같은 무늬 속에 숨은 문장을 찾는 중이다.

대팻밥을 왼손으로 뽑으며 나뭇결을 더듬는 장목수의 손끝이 파르르, 떨린다. 손끝 지문거미줄에 걸린 파닥이는 문장들. 꿈틀거린다. 나무가 뽑아 올린 계곡의 새 울음소리와 바람소리와 물소리가 손끝에서 출렁인다.

격자무늬로 깍지를 낀 문살에 문장들이 칸칸마다 채워지고

문장들이 고인 칸에 창호지를 바르면 햇살이 찾아와 새 울음소리와 바람소리와 물소리를 오래도록 들려줄 것이다.

두근거리다

묵정밭에 든다. 늘 끄덕이는 긍정의 힘으로 열리는 산골 교실. 복도 같은 밭두렁에 바람이 발바닥지문 찍는 동안, 도시로 떠난 아이들의 사연처럼 교실 가득 흔들리는 생각들. 내 기억은 그들과 함께 자랐다. 폐교처럼 허물어진 기억 속 교실 창을 들여다본다.

애기똥풀이 꽉, 쥔 주먹을 펴며 셈을 배우던 돌무덤에 어머니가 호미를 들고 와 숙제검사를 하던, 힘껏 모아 쥔 손가락을 펼 때마다 손금 가득 무수한 햇살들이 쟁여지고

새털 몇 개 흩어진 자작나무 아래, 검은 그늘이 팔삭둥이 먹구름을 업고 와 가끔 조퇴를 허락받기도 하던, 그럴 때마다 앞산 아카시아 꽃향기가 놀러와 햇살 옷 훌훌, 벗고 몸 씻고 가기도 하던

이곳에서는 아무도 살아온 과거를 묻지 않는다.

몇 년을 다녀도 개근상 한번 타본 적 없는 이름 없는 풀

꽃들이, 서로를 위로하며 문법도 형식도 없이 다음 학년을 기다리는 폐교 같은 교실 근처를

나무와 사귀다

산동네는 한 그루 나무다. 소나기 그친 후, 물관 같은 골목을 타고 트럭이 올라온다. 햇살이 뽑아 올린 한낮, 갈증처럼 목마른 트럭이 골목 안 고요를 벌컥벌컥, 들이킨다.

계란, 계란이 왔어요.

트럭이 골목 모퉁이를 돌 때마다 구석에 고인 고요가 행여, 아랫도리 마른 담벼락에 튈 것도 같은,

오래된 담벼락 아래 나는 무엇을 기다리는가. 한 그루 나무에 물든 바람이며 햇살이 틔울 푸른 잎과 꽃잎들을 나는 오래전에 잃어버렸다. 지붕 낮은 지붕들이 서로를 위로하며 뿌리를 넓히는 동안 골목 구석구석에 일렁이는 삶의 무늬들

한동안 잊고 살았으나

언덕길을 따라 담벼락 아래 풀꽃들이 나비들로 피어나

고 개 짖는 소리가 담벼락을 넘어 새처럼 공중으로 날아가는 사이, 맞은편 양철지붕에 물드는 파란 내일을 언뜻, 본 것도 같다.

산 아래 길들이
구부러진 삶의 무늬들을
활짝, 펴 보이는 아침마다
내 겨드랑이가 가려운 걸 보면
아마도, 내 몸 안에 나무 한 그루 자라고 있나 보다.

시간의 체온

뿌리가 맨손으로 활자를 캔다. 단단한 땅속에 둥근 귀를 대고 활자들의 발자국소리를 들으며 손가락을 더듬어 캔다. 아래로 아래로만 몸을 웅크린 검은 활자들 맨손의 온기가 닿을 때마다 감았던 눈을 뜬다. 暗中適應.

오랫동안 살다보면 어둠마저 익숙해지는 법.

캐낸 검은 활자들이 비바람에 씻겨 푸르게 탈색되는 동안 세상은 총천연색 책이 된다. 금세 푸른 문장은 페이지마다 풀어야 할 세상의 시험문제를 꽃으로 남기고,

당신과 나를 남기고

언젠가 문장과 문장 사이에 밑줄 그은 붉은 가을은 사랑의 증표처럼 검은 씨앗을 쥐어주며 다가올 계절을 마중하러 떠나겠지만 찢어진 페이지처럼 펄럭이는 이파리는 누구도 알 수 없는 삶이어서, 휭휭, 읽지 않고 넘겨버린 청춘처럼 서러운 날이면 책장 넘기는 소리를 내곤 한다.

누가 쓴 책일까

무심코 넘겨버린 페이지 어딘가에 내가 쓴 유년의 일기장이 있을 것이다. 마지막 페이지처럼 문장 끝 여백이 아직 남아 있다. 푸른 영혼 다 빠져나간 구겨진 붉은 문장에 기대어 잠드는 바람 같은 당신과 비로소 한 집에 든다. 여기쯤에서 몸을 뉘어야겠다.

낙타

오전 열 시. 살면서 흘린 눈물처럼 지독한 갈증이 분해되지 않는 모래시장 길을 사내가 오른다.

골라, 골라
입 밖의 말과 발장단이 기막히게 맞아 떨어지는

생을 골라가며 찾아갈 수 있을까. 신발들이 나란히 줄지어 선 리어카에 올라 손뼉 치는 사내가 생을 묻는다. 허리에 찬 전대를 털썩이며 바람마저 그을린 뙤약볕 아래 생의 방향을 찾는다. 가끔씩, 오독오독, 입안의 소금을 꾸역꾸역 씹어 삼킬 때마다 울컥, 목에서 올라오는 늙은 전갈의 따가운 집게발

몸이 흔들린다.

사십리 길을 맨발로 걸으며 사막에 핀 소금꽃을 따선 서해바다 근처 어디라는 집으로 그을린 바람이며 햇살을 함께 택배로 부치는 사내. 저녁이면 딱딱해진 발뒤꿈치 굳

은살을 떼어 씹으며 아카시아 향내 달콤한 꿈을 꾼다. 선인장 뿌리처럼 뭉툭한 뼈마디를 쓰다듬으며 오래된 기억을 들춰본다.

기우뚱, 다시 흔들리는

깡마른 몸에 낙타의 혹처럼 배낭을 메고 모래언덕을 오른 지금, 주먹 쥔 손안엔 고비사막으로 가는 차표처럼 구겨진 지폐 몇 장 접혀 있다.

봄눈

햇살 좋은 오후. 벚꽃나무 아래 돗자릴 펴고 앉아 술 한 잔 하려는데, 비틀어 딴 소주병 뚜껑이 딱, 서두르지 마라 중얼거리는데,

그만, 바람에 날아드는 흰 눈들이 우수수, 나에게 집중하는 것이었는데, 그중, 술잔 속에 날아든 흰 눈이 우윳빛 살결을 내보이며 눕는데, 내 얼굴이 화끈, 술잔 든 손이 덜덜, 떨리는데, 아직 생생한 벚꽃이 나를 보고 자꾸만 히죽히죽거리는데,

어찌해야 하는지. 난봉꾼 햇살이 부글부글 큰 눈을 부릅뜨고 째려보는데, 정말 어찌해야 하는지. 나, 참.

환장허것네.

밧줄

지붕에 밧줄이 내려졌다 짧았던 밧줄은 점점 시간이 지나면서 굵고 길어졌다

양철지붕을 타고 밧줄이 내려진 자리마다 날개 파닥이는 소리가 났다 사방으로 튕기는 새털들이 잿빛 하늘에 숨은 햇빛의 행방을 묻는 동안 겨드랑이 가려운 새들의 투명한 새털들이 마당에 흥건하게 고였다

처마 밑 늙은 거미가 숨죽인 채 흔들리는 거미줄을 바라보고 몇몇의 소문처럼 가난한 天性들이 무수한 지상의 내력들을 물으며 찾아오는 사이, 밧줄은 나를 묶어둔 채 기억 저편으로 사라질 것이다

아, 밧줄에 묶인 내 안의 생각들은 어떤 허락으로 날 수 있을까

처마를 타고 내려와 수채 쪽으로 꼬불꼬불 엉키기도 한 밧줄은 며칠 후 점점 짧아지다가 뚝, 끊어졌다

손톱

쭈글쭈글한 어머니 손톱을 바라봅니다.
나를 응시하는 듯 눈뜬
손톱 속 둥근 무늬가 발아된 씨앗 같습니다.
껍질이 채 벗겨지지 않은 씨앗 속엔 내가
읽지 않은 문장이 숨어 있습니다.
달빛 아래 봉숭아꽃들이
비스듬히 세상 쪽으로 기울인 것처럼 굽은 손끝에
푸르렀던 시간들이 하얗게
자라는 동안
손톱에 꽃물 들이면 저승길이 밝다던 늙은 어머니의
수줍은 미소가 손톱 속에 번집니다.
어디에 두고 왔을까요
삶의 무게를 내려놓은 고사목처럼
흘러가버린 세월은 흔적조차 찾을 수 없는데
열여섯 어린 손톱에 물든 봉숭아꽃 붉은 생은
어디로 갔을까요
붉은 꽃잎 떨어지듯
탁탁, 두꺼워진 어머니 손톱을 자를 때마다

잘려나가는 손톱만큼
다시 오지 않을 다음 나의 생이라며
잘린 손톱이 중얼거립니다.
천천히 손톱을 쓸어 모으며 나는
읽지 않은 문장을 오래도록 읽습니다.

비린소리

그가 팔목을 그었다. 앰뷸런스 불빛 같은 꽃 향은 비린내였다.

중독성이었다.

병실 침대에 누운 물고기가 공기가 부족한 듯 아가미를 벌리고 뻐끔거렸다. 허공에 묵언만 공기방울처럼 뽀골뽀골 떠올랐다. 찢어진 지느러미처럼 팔을 툭, 펴고 느낌표로 누웠지만 아무것도 느끼지 못했다. 퍼덕거릴 신열마저 잃어버린 비늘에선 자꾸, 죽음 냄새처럼 비린내가 났다.

아, 그가 이승에 두고 내린 마지막 소리였다.

땡볕의 성자(聖者)

여름 한낮. 노란 음식물 수거함 위에 고양이 한 마리. 두리번거린다. 닫힌 뚜껑을 앞발로 깔짝거리다가 힐끔, 길 쪽을 쳐다보다 잠시 방향을 잃는다. 행여 이승의 마지막 외출일지 몰라 긴 혀로 앞발을 핥는다.

경계의 방향을 바꾸며 한참을 기웃거리다 내 눈과 마주친다. 땡볕이 부신 듯 두 눈을 씀벅이며 돌아서는 늙은 암고양이. 불룩한 배를 안고 조심스레 담 아래로 뛰어내린다. 채우지 못한 허기를 안고 고양이는 무엇을 생각했을까.

장작불 지긋한 온돌방은 아니어도 나와 함께한 사람아. 사람 사는 일이 때로 길을 잃기도 하는 것이어서 묵은지처럼 쉬 찢어지는 것이어서 애틋하지 아니한가.

열어야 할 음식물 수거함 안과 밖의 팽팽한 눈빛들의 항쟁이 얼마나 따가운지,

굳게 닫힌 뚜껑을 물어뜯는 파리가 강건하다.

휴식

저노무 영감탱이 집구석에 앉아 뭐하노
방구들만 지고 있음 뭐시 나오나

빈집처럼,

지붕을 받든 등뼈는 낡아 기울고 갈라진 흙벽에 스민 바람처럼 아득한 기억을 더듬으며 가래 끓는 기침소리로 속죄를 하는데. 처마 밑에 텅 빈 제비집은 돌아올 주인을 기다리며 하루 종일 햇살을 집안으로 들이며 아랫목을 데우는데, 아직 긴 꽁초를 비벼 끄며 슬그머니 밖으로 나가는데,

어무이 그만 허소.
여지껏 살 부빔서 자식꺼정 나놓고 뭔 소리요.

햇살이 탱자나무 가시에 찔리는 아픔을 참으며 빠져나오는 것은, 오래된 그늘에 쉬고 싶기 때문.
빈집처럼,
정말, 어쩌지 못하네.

제3부

몸 안에 등불을 켜다

햇살을 잰인 이파리가 무거워지는 시간. 나무가 그늘을 좌판처럼 펼쳐놓고 꾸벅인다. 어디쯤 가고 있을까. 그늘을 통째로 실어주던 고향마을 계곡일까 아님, 조금씩 쪼개 보내주던 먹구름 동네일까.

살다보면 아프지 않은 생이 어디 있겠냐며

당신이 은신하기 좋은 그늘을 찾아 두리번거리는 것은 언젠가 떨어뜨린 오래된 기억 때문. 식기 전에 드세요 어서. 푸르디푸른 이파리가 시원한 그늘 한 그릇 건넨다. 그래, 이곳에서 당신은 사랑한다는 바늘을 잃었었지.

그러나, 나는 안다
이젠, 당신이 잃어버린 바늘에 찔려 아프다는 것을.

나무가 좌판으로 돌아오는 동안 당신은 가슴속 통증을 잊지 못하고 끝내 쓰러질 것이다.

길 밖에 먹구름이 낮아진다.

살아온 길은 모두 굽었다

등 굽은 나무가 선산을 지킨다는데

쿵, 전기톱에 쓰러진 꼽추 같은 소나무. 어디 쓸데 있나 들어보는데

그만, 팽팽했던 허공 한쪽이 와르르, 무너진다.

아, 살면서 아까워 말아두었던 사연들이 네 몸속에 들어 있었구나. 한 많은 사연 둘둘둘, 말아 쟁이고 쟁여 네 몸이 굽었구나.

잘려나간 몸통 어쩌지 못해 맨발로 흙을 움켜쥔 네 발등을 만져본다.

파르르, 뼈만 앙상한 네 발가락이 아직, 살아 떠는구나. 톱날에 잘리던 아픔을 견딜 수 없어 송진눈물 뚝뚝, 흘리는구나

잠시, 내 얼굴 붉어지고

맨발뿐인 네 몸을 추슬러 마당에 앉히는구나. 등 굽어
자라면 어떠한가. 일직의 햇살 타고 일어서는

아, 짧은 우리네 삶 같은.

억새풀 아래 말하다

나뭇가지처럼 열린 산길이 문을 닫은 산모퉁이
햇살에 기대어 서 있는 억새들 사이에 바람의
무늬가 있다

당김과 밀림 사이 내가 놓친 시간이 있다

흔들리는 억새 따라 서걱거리는 소리들이
일어설 때마다
하나 되는 억새들의 방문은 어느 쪽일까

위험한 것은 산꼭대기가 아니라 비탈이라는데
비탈을 따라 예각으로 일어서 있는 억새들
문고리 헐거워지는 동안
닫힌 방문은 낡아 빗물 스며 번지는데

마을 쪽으로 누워 잠든 무덤들처럼
열리지 않는 내 몸의 문은 어느 쪽일까

당신을 생각하는 때.
눈물 글썽이며 고개 숙이고 돌아눕는 시간이
내 몸의 문이라는 생각.

마른 잎들이 서걱거리며 문 여는 순간,
나는 밤새도록 텅 빈 방에 들어야 한다.

당신을 위한

햇빛도 빗줄기도 줄줄, 흐르는 데서 떨어지는 대로 두어야 한다고, 기울어진 절집 기왓장이 처마 끝에 오래된 햇빛 모아 등(燈) 거네요.

가만히 들어봐요. 등불에 기름 따르는 바람소릴요

새털 같은 날들 속, 이젠 잃을 것도 없다며 석불의 손바닥에 고이는 놀빛이 오래전 잊은 사람을 닮았네요. 어디 갔을까요. 그 사람.

그리워한다는 건, 허기진 마음에 등불 하나 켜는 일

알 수 없는 석불의 미소에 든 묵언이 그리움마저 흐르는 대로, 잊어지는 대로 두어야 한다는데,

그렇게 안부마저 알지 못하고 돌아서는 등(燈) 이마에 온 힘 모아 불붙이는 놀빛이 안타까운 내 마음에 맨손을 내어 미네요.

묻지도 말라네요.

우박, 그 눈물에 대하여

산허리에 걸려 구름쌀독을 엎었다.
순식간에 쌀알들이 쏟아졌다.
밥솥 같은 저수지가
금방이라도 채워질 듯 쏟아졌다.
쌀 흐르는 소리 가득한 저수지 옆길에
새 한 마리가 젓가락 같은 야윈 부리로
콕콕, 쌀알들을 집었다.
쏟아지는 쌀알들이
밥사발 같은 논에 고여
눈물이 되었다.
눈물을 양식처럼 살아온 사람들이
저수지 주변에 모여 살았다.
쌀알들이 떨어져 호박잎을 찢기도 했지만
사람들 가슴 날개는 꺾이지 않았다.
쌀알들이 쏟아질 때마다
저수지 수면에 쌀밥 같은 그리움이
징, 밥물처럼 끓어 넘쳤다.

다시 서성거리다

먹구름이 사나워진 듯 낮아지고

느리게 온 버스가 소낙비에 좌판을 벌렸다. 정류장 앞 처마 밑에 줄지어 선 사람들. 아랫도리가 젖는 줄도 모르고 머리며 얼굴만 가린 채, 허공에 수직을 긋는 철사줄에 다행, 이라는 생각만 걸고 싶은,

기다린다는 것은 조급해진다는 뜻

형형색색의 사람들이 읽다가 만 페이지를 후딱, 접어 덮는 것처럼 구겨지는 정류장의 오후.

뚝뚝, 처마에서 떨어지는 빗방울은 막, 말을 배운 아이의 눈이다. 햇빛이 비바람을 걷어내자

길 밖에 젖은 꽃들이 몸을 말리며 아이에게 배운 첫마디를 따라하는데,

이제 젖은 꽃들의 힘은 망각이다

조급한 듯 고인 물에 손을 씻고 가볍게 튕겨 오르는 햇빛이 히죽히죽, 나무들의 그늘이 되는

나무와 그늘 사이 내가 있다

먹구름을 찾다

빗방울은 흡착성 죽음이다. 숨 돌릴 틈 없이 날아드는 빗방울들이 유리창에 달라붙는다. 붙어 흐른다. 유리창은 지금, 물먹은 습자지다. 평면의 관습들이 구겨지는 동안 유리창이 머금은 슬픔은 흐리게 굴절된다.

어차피 죽음은 찾아오는 법

일직으로 서서 죽는 빗방울은 늘 낯설다. 빗방울이 토해버린 슬픈 울음소리. 탁탁, 내 안에 스며 올 것이 와버린 때. 슬픈 울음이 꿈꾸는 하루는 깨진 유리창에 박혀 말라가는데

이젠 당신 얼굴마저 흔들린다.

사소한 바람에도 트집 잡혀 흔들리는 유리창이 침침한 기억을 꺼내 보이며 흐느끼는 빗방울의 슬픔마저 안아주는데

어느새 허기진 바람이 오랫동안 나를 찾아다녔다며 두드리는 유리창에 기대어 나는, 야윈 이른 오후의 불빛들을 미행해본다.

누가, 저와 함께 죽음을 찾아보지 않을래요?

춘래불사춘(春來不仕春)

아홉시 방향의 골목은 대문 따라 들쑥날쑥 길 뚫려 있다. 단단한 어둠이 무더기로 쑤셔 박힌 동굴 같은 골목 끝엔 더 물러설 수 없는 앉은뱅이 고요가 산다. 숨어 산다

그의 집은 처마 밑 낡은 거미줄이 툭, 끊어지기만 해도 전깃불이 나갈 것만 같다. 헐거워진 부엌 문틈에 한쪽 발이 낀 불빛이 빠져나오려 발버둥치기도 하는,

그는 온종일 말이 없다. 밥그릇도 없이 밥을 먹고 꼽추 같은 지붕 위로 엉킨 전선들을 꼭 껴안고 산다.

그렇구나, 없는 것이 얼마나 서러운지 아는구나.

아침마다 골목 모퉁이에 나가 군에 간 넷째 형을 기다리던 아버지처럼,

그의 담장에 기댄 녹슨 자전거가 가쁜 숨을 내쉬며 앓는다. 주저앉은 뒷바퀴가 아아, 고통스러운 듯 잡풀을 잡아

당긴다.

조금만 견뎌보아요. 이제 곧 봄이어요.

새들이 매운 닭발을 뜯은 듯 혀를 내두르는 동안 꼽추 같은 슬레이트 지붕 아래 웅크린 그가 뜻 모를 말만 중얼거린다. 춘래불사춘 춘래불사춘

소리의 뼈

맨발로 잠시 쉬어가자 했지요
돌돌말린 밧줄처럼 공복의 동굴엔 서늘한 어둠이 단단했고요.
천장엔
땡볕에 늘어진 넝쿨의 이파리들처럼 검은 박쥐들이
거꾸로 매달려 있었지요.
소슬한 바람이 불었는지 검은 이파리들이 흔들리기도 했지요
뿌리처럼 천장에 발을 묻고 잠든 박쥐들은
침향(沈香)을 내뿜는 동굴에서 어둠을 견뎌야 살 수 있다지요.
두고 온 소식 그리워 켠 핸드폰 불빛에
하혈하듯 쏟아져 나가는
검은 박쥐들의 반향정위(反響定位).
짧은 날갯짓에
부서져 날리는 한낮 동굴 속 고요의 휴식들이
아우성으로 저녁의 시간을 알렸지요
텅 빈 동굴 천장엔

이파리 모두 떨군 겨울나무처럼 허허한 절망의 바람만
불었지요.
동굴 밖엔 박쥐들이 무리지어 공중에 선을 긋다가
흩어졌다 다시 모이며 급히 돌아서는 군무(群舞) 속으로
어둠을 견디며 기다린 시간만큼
힘껏, 차오르는 서러운 기억들이 소리의 뼈를 세웠지요
몸 안에 핀 열꽃처럼 제 맨발이
뜨겁게 가려웠지요.

쉼을 찾다

물 밖으로 내민 수초 끝에
실잠자리 앉아 골똘하구나.

그렇구나, 실잠자리의 작은 몸이
수초 끝에 앉아
물의 마음을 엿보는구나
바람 속 꿈틀대는 그리움
견뎌보는구나.

흔들릴 때마다
수면에
둥근 그리움 걸어둔 채
떠날 것을 약속하고 잠시
들렀다가는 생처럼
견뎌보는구나.

그가 골똘하다. 그에게 분명 흔들리는 사연이 있는 거다. 속 아픈 사연이 있는 거다. 아픈 사연 아래 흔들리는 저, 아무것도 모르는 듯 슬그머니 그리움 내려놓으며 생각하는 사이, 잠시 떨어져 있어 보자던 그대의 말처럼, 견뎌보는 거다.

새순

여름 오후, 일직선으로 떨어지는 빗방울이 수면에 닿자 새순이 돋는다.

새순은 빗방울이 심은 싹

순간으로 돋아난 순은 둥근 잎을 그리며 수면 멀리 퍼져 나간다.

순들이 만든 둥근 잎들로 수면은 온통 포옹뿐이다.
빗방울은 그리움일까.

누군가 던져버린
저 마지막 사랑한다는 말

지상으로 떨어지는 순한 삶들이 뿌리내리려고 온몸으로 수면을 밀어내고 있다.

번짐에게 말을 걸다

폭 좁고 긴 회칼이 부위별 힘줄을 끊을 때마다 꾸들꾸들한 홍어의 사지에 박힌 흑산도의 거친 파도가 무너졌다. 두툼한 지느러밀 더듬어 회칼이 파도처럼 한 장, 페이지를 넘기면 알싸한 향이 등잔불처럼 환하게 튀어 올랐다. 심해의 맨바닥을 기듯 키운 긴 꼬리뼈와 지느러밀 보시하며 천장(天葬)에 든 홍어의 들숨과 날숨이 단번에 해체되는 순간마다 곰삭은 삶의 향기가 코를 찌르고 입을 덥혔다. 온몸이 해체된 홍어는 홍어 같지 않았다. 살아 펄떡이는 곰삭은 향기만이, 삶은 삭는 것이라며 째보선창* 선술집에서 큰소릴 쳤다.

---

* 째보선창 : 군산

몸 안의 공명

햇살 따가워지면 크리스마스트리 알전구 같은 빨간 앵두를 한 주먹씩 내밀던 나무가 웬일인지 푸른 이파리 몇 장 틔우다 말라 죽었다. 웬일일까

나무를 잘라 몸을 열자, 아, 이런

나무의 등뼈 같은 물관을 타고 오르는 까만 개미 떼들아, 얼마나 따가웠을까.

맨 처음 까만 개미가 나무의 흰 발가락뼈를 갉으며 들어설 때 나무는 얼마나 간지러웠을까. 나무의 푸른 이파리들은 얼마나 두려웠을까.

제 몸을 다 내주고도 빈 몸으로 봄을 기다리는 나무의 일직선이 땅의 체온을 기억하는지 아직, 따뜻하다. 나무 몸을 풀어 햇빛에 가만히 둔다. 나무 몸에 둥지 튼 까만 개미들이 쏟아져 나온다.

나무가 몸 안에 쓴 마지막 유언이다. 까만 글자들이 와르르, 쏟아져 나왔지만 나는 저, 긴 문장을 다 읽을 수 없다. 제 몸마저 내어주고 누운 앵두나무만이 읽을 수 있을까. 돌아누운 굽은 나무처럼 언제부턴가 내 몸은 골다공증이다.

안개

저 오래된 악기는 형체가 없어요. 누군가 악기 속으로 들어가 소리를 켜면 저절로 연주가 되지요. 보이지 않는 줄과 만질 수 없는 관들이 악기에 숨어 있지요.

쉿, 조용히 귀 기울여 봐요.
세상을 품은 악기가 몸 안에서 켜는 일상의 소리들을요.

쿵, 누군가 악기 속에서 발 헛딛고 북소리로 넘어지네요. 비둘기가 자진모리의 절창마저 멈추고 스타카토로 날아가고요. 시내버스가 아니리에서 중모리로 달려와 정차하자 몇몇의 사람들이 사분음으로 토해지네요. 다리 아래 강물은 구겨진 채 진양조로 흘러가고요. 너무 익숙하겠지만 잠시, 귀 기울여 봐요. 보이는 것보다 보이지 않는 것들이 더 가슴 찡, 한 이유를요.

해가 뜨네요. 형체 없는 악기가 천천히 지워지고 세상은 시치미 딱, 떼고 돌아서네요. 산이 쥐었던 해를 슬그머니 놓는 순간, 악기에 스며들었던 보이지 않는 줄과 만질 수 없는 관들이 꿈틀거리네요.

함께 걷던 당신이
내 손 꼭 쥘 때처럼요.

호박넝쿨의 몽(夢)

심 봉사 지팡이 앞세워 길을 간다.
더듬더듬 보이지 않는 길을 물으며 간다.
뺑덕어멈을 놓친 심 봉사가
갈 길이 막막하여
잠시, 앉았다 간 자리.
쌓이는 근심에 뜯어진 갓처럼
둥근 이파리가 말라간다.
띄엄띄엄 쉬어간 발자국마다
심청의 애타는 마음이 노란등꽃을 밝히고
잉잉거리는 벌들이
연회장의 마지막 소식처럼 날아든다.
돌아가지도 못할 심 봉사가
어쩔 줄 몰라 눈 딱 감고
절벽 아래 뛰어든 순간
할 말처럼
애호박 보따리 달린다.
노란등꽃 아래 푸르디푸른 애호박 보따리가
심청의 행방을 묻는 동안

가슴 한쪽 걱정의 씨앗은
시간이 지날수록 부풀어간다.
해진 짚신 밖으로 빠져나온 발가락처럼
힘껏, 구부려 땅을 움켜쥔 뿌리에
심청의 믿음처럼
쟁여지는 햇살이 환하다.

입춘대길(立春大吉)

1

봄이 겨울의 숲에
일렁이는 연초록 이불을 편다.
넓은 들녘 온돌방에 불을 지핀다.
봄은 지금
겨울의 야윈 몸을 쉬게 하려는 거다.
시원한 봄비 보약을 마시게 하는 구름 뒤로
강물 따라 뛰어가는 바람이
손에 꼭 쥔 편지 한 통.

2

어머니, 갯벌에 펄럭이는
저, 깃발들을 보아요.
어서 나와, 뛰어오르는 함성처럼 꿈틀거리는
저, 깃발들을 보아요.
아버지의 귀가처럼
발자국들 갯벌에 흥건히 고이네요.
어머니, 이젠 울지 말아요.

3

그는 철창처럼 창문이 막힌 병동에 산다.
누워 산다.
복도 바닥에 떨어지는 식판이
시도 때도 없이 삶을 깨우는 병실.
철창 사이로 밖을 내다보다 마른 꽃처럼 잠드는
그가
편지 한 장을 손에 쥐고 중얼거린다.
링거 병에서 떨어지는 방울처럼.

화인(火印)

텅 빈 공사장 기둥에 기대고 앉은 사내가 이를 악물고 있다. 쓰라린 고통이 찌르는 듯 이마에 땀방울이 솟아오른다. 왼 팔뚝을 담뱃불로 지지는 지독한 저 사내. 한 번의 고통이 지나간 듯 팔뚝을 지졌던 담배에 다시 불을 붙인다. 잘근잘근 씹히는 꽁초에 새겨지는 여자. 죽음 같은 고통이 휴식이 될 수 있을까. 한 모금의 연기가 고통의 멱살을 잡았다 놓는 순간 진흙처럼 이겨진 상처가 붉은 꽃을 피웠다. 핏빛보다 붉은 꽃. 줄기 같은 푸른 힘줄이 꿈틀거리자 화끈거리는 붉은 꽃의 향기에 따귀를 맞은 듯 풀어지는 저 탱탱한 설움, 설움들.

흔들리는 기억처럼 돋아나는 꽃향기를 맡으며 사내는 어금니 깨문 고통만큼 지독한 삶을 새겼을 것이다.

제4부

빈집의 하루

녹슨 양철지붕 위엔 집보다 오래된 오동나무가 몇 장의 잎사귀를 내려놓으며 다가올 계절을 예감했지요. 몇몇의 바람은 잎사귀들이 내놓는 푸른 생각들을 뒤적이다 돌아서 가기도 했지만 몇몇의 잎사귀들은 먹구름의 말을 골똘히 받아 적기도 했지요. 어디선가 박새가 날아와 세상에서 배운 몇 마디 말을 복습하며 층층의 잎사귀를 오르내리면 푸른 생각에 골똘한 잎사귀들은 새의 말씀에 고개를 끄덕이기도 했고요. 먹구름이 지나 비가 그치면 환한 마당으로 나비가 퐁당퐁당, 흰 풀꽃들 집에 가정방문을 오기도 했지요. 어쩌다 소인 없는 편지처럼 마른 잎사귀 툭, 마당에 던져지면 놀란 고요가 거, 누구요. 방문을 열어보기도 했지요. 허기진 고요가 흙벽 틈 갈비뼈를 세어보는 사이 햇살이 깜박, 졸기라도 하면 마루 밑에 좌판을 편 임자 잃은 신발들이 내일의 푸른 새벽을 슬그머니 주워 담기도 했지요. 그렇게 빈집의 하루는 여물어 갔지요.

어떤 생각

진눈깨비 날아들수록 날은 추워졌고 마루에 앉은 아버지는 먹감나무에 달라붙는 눈을 따라 나무속으로 걸어 들어갔지요.

흔들림으로 시큰거리는 나무는 추워질수록 나이테를 깨물고 떨림을 견뎠지요.

셋째 땅에 묻고 넷째 군에 보냉께 온몸이 풍 든 거마냥 후들후들 떨리드랑께

흔들림은 한 몸에서 쪼개진 게 아니라 쪼개진 것들이 모여 흔들림을 낳는 것이라는데

아버지는 여름 햇살 쟁여둔 홍시 쪽으로 몸을 구부려 앉아 돌아오지 않는 넷째를 기다리는데

떨림을 견디는 홍시를 놓지 않는 나뭇가지의 인연은 아버지의 뼈 시린 사랑 같은 것.

사랑처럼 봄은 오고

막, 알을 깨고 나온 햇살들이 재잘거리며 찾아와 나무의 팔뚝에 봄을 걸어두면 잠시 동안, 쪼개진 흔들림은 잊혀질 수 있을까요.

진눈깨비 자꾸만 후들거리는데.

다시, 봄날

겨울 혹한에 찌든 검은 나무들이 풀리는 물소리에 몸을 씻었다. 마른 국수 가락처럼 손대면 툭, 부러져버릴 것만 같은 햇살들이 학교에서 귀가하는 듯 쨍쨍, 거렸다.

어무이. 이번엔 못 내려갑니더.

길은 아지랑이 한잔에 취한 듯 비틀거리는데 햇살이 연초록 잎들을 공중에 그려놓는 동안

아우성처럼 꽃이 피었다. 황사 바람이 전깃줄에 걸린 연처럼 징징거렸고. 붉은 꽃들이 배부른 듯 밥그릇을 들고 부질없는 고집을 부렸다.

밥상을 마주하고 식구들이 모였다
어머니는 막내에게 밥그릇 가득 꾹꾹, 눌러 퍼주고
바람은 터진 꽃잎을 꿰매느라 분주하였다.

사내는 밥심으로 사는겨

빈 밥그릇처럼 꽃 진 자리에, 숨겨둔 까만 오디 같은 꽃의 꿈을 찾아, 공중에 초록 잎들을 다 그린 햇살이 쨍그랑, 강물 위에 떨어져 깨지는 그런 봄날이었다.

나비 꽃

눈에 넣어도 아프지 않은 사랑이 있다

거울 혹한을 견디지 못하고 주저앉은 자두나무에
나비가 날아든다.
꽃들이 만개한 나무들을 지나 잠시,
머뭇거린다.
첫정이 생각나는 걸까
나비는 잎을 틔우지 못한 나뭇가지 주위를
자꾸만 맴돈다.
집착일까
아직 잎을 틔우지 못한 나무를 맴돌다가
마른 가지에 앉는 순간
꽃이 피었다. 나비는 흰 꽃이 되었다
나비에게도 첫정이 있는 걸까
자신을 안아주었던 꽃잎에 물든 햇살 향을
커다란 날개에 간직하였을까
기억하였을까

나비가 꽃이 되는 오후

누구나 살다보면

눈에 넣어도 아프지 않은 사랑이 있다.

사투(死鬪)

수면이 물고 있는 야광찌가 깔딱하는 순간, 둥근 파문으로 번지는 허기, 허기를 낚아챈다. 물속에 풀어지는 생을 건 악착같은 항쟁이 손안에서 파닥거린다. 전류가 닿은 듯 짜릿한 손안으로 달려드는 검은 지느러미의 날선 생이 밑으로 밑으로만 길을 찾는다. 엉켜버린 수면 위로 끌려오지 않으려는 떡붕어의 처절한 몸부림이 물결무늬 속으로 자꾸, 자꾸만 가라앉는다. 당기는 낚싯줄의 팽팽한 긴장이 강바닥의 고요와 힘찬 물살을 들어올린다. 거미줄에 걸린 나비처럼 공중에 파닥이는 떡붕어의 비늘에 반사되는 카바이트 불빛이 저항의 눈빛을 묶어버린다. 금빛 비늘마저 강물 속에 두고 온, 저, 어긋난 투쟁. 집밖으로 끌려나온 떡붕어의 찢어진 입이 조용히 열렸다 닫힌다.

떡붕어의 찢어진 입은 아직 죽음을 말하지 않는다.

맨발

살면서 맨발로 뛰어본 날들이 있을 것이다.

소달구지 바퀴가
덜커덕덜커덕 길을 감았다 펴며
밭으로 갔을 것이다.

밭엔 이미 햇살들이 신발 끈을 풀고
꾹꾹 보리밭을 밟았을 것이다.

밟힐수록 단단해지는 뿌리들이
아버지 발의 주름처럼 자리를 넓혔을 것이다.

꼬불꼬불한 밭둑에 새가 맨발로
푸른 사연들을 콕콕 찍었을 것이다.

삶이
그런 것이어서
맨발이었을 것이다.

빨래

낮잠이 들었다.
어디선가 흐느끼는 소리 들렸다.
뒤척이다 뒤척이다
깨어 방문을 열었다.
소낙비 내리고
빨랫줄에
채 걷지 못한 어머니 스웨터가
뚝뚝, 울음 울었다.
아래로 향한 소매 끝에서
어머니의 열여섯처럼
소리 없이 눈물 흘렀다.
서글펐지만 서글픈 건 어머니 같았다.
처진 빨랫줄 아래
고인 눈물이 멍울처럼 파랬다.

소낙비 그치고 조각구름 몇 송이, 편히 쉽니다. 조용한 마당에 햇살이 들어설 때마다 무성한 먹구름 발자국들 천천히 지워지고 손님처럼 나비가 찾아오면 조촐한 밥상으로 토끼풀꽃 차려집니다. 어머니의 스웨터를 널어놓으며 나는 파스 냄새 같은 가난을 오래도록 맡아봅니다. 담장 너머로 하굣길 아이들의 웃음소리가 동백기름을 바른 듯 아직 번들거립니다.

달의 상처

달의 온몸이 거뭇거뭇하다
언젠가 어둠을 품은 상처일 것이다
검은 멍이 든 몸을 스치는 구름과
지친 날개를 퍼덕이며 지나는 철새들
상처 없는 생이 어디 있으랴
훗날 내 방언의 기도가 달에 닿으면
내 영혼은 지상을 떠나 달집에 묵을 수 있을까
지상의 고행 마치고 돌아가는 날
내 몸의 상처는 얼마만큼일까
아니, 얼마만큼의 상처를 지녀야
달집에 들 수 있을까
달집에 들어 달의 상처를 맑은 내 눈물로
씻어준다면
달의 몸은 환해질 수 있을까
지상의 모든 사람들이 맑은 눈빛으로
달을 볼 때마다 내 눈물을 노래할 수 있다면
달은 내 눈물을 위해 야윈 몸을 추슬러
몸에서 뽑은 검은 멍을 움켜쥐고

내 등짝을 후려치며 나를 깨울 것이다
내 몸에 상처 하나 더 새길 것이다.

추풍령 폭설, 그 하루

정말 할 말이 없었다. 황악산 줄기가 흰 눈에 가려 골 깊은 등뼈마저 보이지 않았다. 두꺼운 회색빛 하늘 가득 눈송이들이 빗살무늬를 그으며 황간 쪽으로 달려가고 미처 대피하지 못한 산중턱 집들만 지붕에 흰 이불을 펼쳐놓고 저녁연기를 피우며 손 흔들 뿐이었다. 개 짖는 소리조차 잠든 산 아래 포도밭들이 일찍 불을 끄고 잠이 들었고 눈 덮인 태화리의 비닐하우스들은 설마 설마하며 잔뜩 움츠린 채 숨을 멈췄다. 환한 고요 속에 수직으로 내려앉는 함박눈은 천천히 논둑과 도로의 경계마저 허물며 마을로 오는 길을 지웠다. 영하의 기온에 띄엄띄엄 횃불을 든 전봇대만이 이곳이 마을로 가는 길임을 밝혔다. 몸 안의 빈혈처럼 가끔씩 자동차가 비틀거리며 가야 할 길들을 물었다. 자정이 지나면서 다시 모래바람처럼 어지럽게 흩날리는 눈발이 양철지붕을 철렁, 흔들며 지나가고 나는 몸속에 켠 불을 꺼뜨리지 않으려고 지붕 낮은 하숙집에서 웅크리고 또 웅크렸다. 하얀 눈발에 어둠은 어둠처럼 다가서지 못하는데 마을 어귀 철로엔 추억을 찾아가는 듯 상행선 열차가 철거덕거리며 떠나고 있었다.

날이 새면 하얀 세상 속에서 모든 환각의 꽃과 나비들을 헐벗은 모습으로 만날 너의 절망들에게 나는 불빛 환한 램프를 들고 마중 나갈 것이다. 따뜻한 손 내밀 것이다.

우기(雨期)

열꽃처럼 복사꽃 봉오리가 오톨도톨 돋았다. 달무리 진 달빛이 호박잎에 앉아 날선 바람문장을 읽는 사이, 호박넝쿨은 숨을 조절하거나 몸을 낮추며 내일을 걱정했다. 장독을 더듬어 뚜껑을 닫는 어머니 손에서 때늦은 저녁이 기우뚱, 흔들거렸고 마당을 지나 부엌에 들어설 때마다 벽돌담을 넘어온 설익은 호박꽃이 근심처럼 툭, 지기도 했다. 붓끝처럼 세상이 무거웠을까. 캄캄한 먹구름에 갇혀 햇살이 오랜 지병을 앓는 동안 마루에 놓인 채 낡아가는 검정고무신에 깡마른 관절소리만 우우, 무성하게 고였다. 눅눅한 비닐장판에 차오르는 습기가 돌아오지 않는 햇살의 안부를 물으며 쿨럭거렸고 지붕 위엔 타닥타닥, 헤엄쳐 오는 빗방울의 발자국소리가 집주소를 물었다 나는, 열꽃으로 누운 채 쿨럭이는 복사꽃 같은 누이를 기억하고 누이의 방에 장작불을 지피며 천천히 바람문장을 되짚어 읽었다.

황태

1

고운소금 같은 따가운 싸락눈을 맞으며 들어선 곰배령. 붉은 노끈에 아랫입술이 꿰어 흔들리는 황태가 허공 속을 헤엄친다. 시리도록 차가운 바람을 맞으며 티격태격 부딪치며 말라간다. 단단하게 얼어붙은 홀쭉한 배를 붙잡고 푸른 하늘을 향해 힘껏, 나부낀다. 검푸른 바다 속을 꿈틀거리며 헤엄쳐 다녔을 기억을 찾아 황태 속살은 노랗게 말라간다.

2

일용잡부 일자리마저 잃어버린 지 오래. 파란불의 횡단보도마저 뛰어가야 하는 중년 사내가 대합실 의자 밑바닥에 신문지를 깔고 누워 말라간다. 신문지 속 침대광고에 누워 눈보라보다 더 차가운 사람들의 시선을 능청스럽게 받으며 뒤척인다. 세상 속 햇살을 향해 힘껏, 나부끼는 꿈을 꾸며 노랗게 말라가는 사내. 지느러미처럼 두 팔을 몸 밖으로 내민 저 사내.

오래된 정원

먼지 낀 책을 편다. 페이지를 넘길 때마다 흰나비들이 팔랑팔랑 바람소리를 내며 날아든다.

갈피에 낀 노란 은행잎에 오래된 햇살이 납작하게 숨어 있다. 빼어들자 부채처럼 환해지는 기억들. 오래된 기억에선 햇살 냄새가 난다.

기억의 틈에 먹장구름도 끼었으니

소나기가 연못의 물낯을 움켜쥔 것 같은 구겨진 페이지를 편다. 빗방울의 파문에 놀란 비단잉어가 물밑으로 숨은 듯 붉은 밑줄 그어져 있다.

잠시 앉았다 날아간 새들처럼
뜯겨나간 한 장이 못내 아쉽다.

방학식이 끝난 하굣길 아이들처럼 귀퉁이에 몰린 글씨들이 걸어온 기억처럼 빼곡한데 아쉬운 것이 어찌 그리움

뿐이겠는가.

뜯겨나간 한 장이 알 수 없는 우리네 삶 같아, 침 묻혀 눌러쓴 숙제 같은 제목을 어루만지며 천천히 책을 덮는다

푸른 불씨를 읽다

바람이 분다.

아직 춥다. 어머니의 사진 속에 햇살이 들어앉아 내 가슴속 마른 가지에 불씨를 던진다. 마른 가지 깊숙이 숨은 연초록 불씨가 꿈틀거린다. 찬바람을 타고 푸르디푸른 말(言)들이 천천히 타오른다.

초록 잎에 문장들이 상장처럼 두툼해지길.

햇살의 말들이 푸른 잎에 쟁여질 때마다 잎맥을 타고 자라나는 문장들이 구름의 힘줄을 뽑아 꽃을 피운다. 꽃잎의 생각들 하나둘 지상으로 내려 보내는 동안

당신은 평생 나의 빈 공책이셨으니,

무덤가에 흩어진 햇살들을 더듬어 말의 씨앗을 찾는다. 야윈 뿌리의 가난한 일생처럼 노란 민들레가 된 어머니.

공책처럼 펼쳐진 무덤에

불, 씨, 라고 쓴다.

통증, 그리고 오래된

헐거워진 문짝에 못을 박는다.
날카로운 금속에 찍힌 나무의 어깨가
쿵, 앓는 소리를 낸다.
나무가 토해놓는 외마디가 완강하다
차가운 못이 몸속에 박혀 있는 동안
본능처럼 놓지 않는 긴 통증 속으로
삭신이 저리고 아픈지
몸속 가득한 신음을 바람에 말리고 있다

A가 이를 악물고 일어선다. 통증이 먼저 일어서는 듯 얼굴을 찡그린다. 하얀 환자복에 박힌 글자들이 앓는 소리처럼 와르르, 쏟아진다. 통증 속에 박힌 A가 링거 병을 건 지지대를 왼손으로 밀며 한걸음 내딛는다. 링거 줄이 알 수 없는 A의 목숨처럼 축, 늘어진다. A가 병실 앞에서 손을 들려다 만다. 통증은 기필코 A를 눕힐 것이다. 몸 간수 잘하소, 돌아서며 나는, 링거 병에서 떨어지는 방울이 감당하고 있을 삶의 무게를 가늠해본다. 병실 앞에 선 A가 왠지 헐거워진 문짝 같았다.

버려진 사랑

한 뭉치 먼지바람이 늙은 개의 뒷덜미를 후려치고 달아난다. 땅바닥에 배를 깔고 쭈그려 앉은 늙은 개가 체념한 듯 눈을 감는다. 찾아올 것도 찾아갈 곳도 없는 늙은 개에게 삶이란 없다.

국밥집 골목까지 얼마나 남은 걸까. 살아남기 위하여 먹을 것을 찾아 어슬렁거리며 걸어가는 늙은 개의 걸음이 자꾸만 느려진다. 눈 덮은 회갈색 털에 가린 동공이 한때, 주인의 땡볕 사랑과 부드럽게 속삭이며 목이 메인다.

버려진다는 것은 쓸모가 없다는 뜻.

걸음을 옮길 때마다 층층으로 드러난 갈비뼈가 가로수에 돋은 푸른 이파리들처럼 출렁거린다. 언젠가 개똥도 쓸모가 있는 거야. 길게 내민 마른 혓바닥에 지난 끼니가 생생한데 늙은 개가 가다 말고 어디 몸 하나 뉠 곳 없나 텅 빈 창고 뒷문을 앞발로 깔짝대본다.

눈물의 멀미

눈물은
달빛 머금은 이슬 같은 것이니
처음, 아침이 오는 구부러진 길에
마중 나온 풀잎은
욱, 멀미를 할 것이나

눈물이 넘어져 일어설 때까지 당분간
떨어뜨려놓고
멀미가 잦아든다면
식은 눈물이 무릎을 툭툭, 턴다면
살면서 견뎌야 할 하루는
이제 바닥에 있다

열꽃처럼 몸속에 돋은 눈물이 밖을 향하여
피어오르는 것은
몸 안에 허공을 두고 싶기 때문이니

흔들리다가

차갑던 눈물이 뜨거워지는 순간
풀잎은 우뚝, 일어서
세상의 모든 무게를 이고
꽃이 될 것이다

눈물의 몸살이 깊다

검은 꽃

먹을 간다.
발가락 사이에 낀 짧은 먹이
삐뚤어진 원을 그리며 캐낸 어둠이
온몸에 스민다.
본능으로 견디는 고통.
비운 마음만큼
입에 문 붓끝에선 왜
벼랑 끝에 해국(海菊)이
현기증처럼 아찔하게 피어나는지.
발가락의 안간힘이 피운 묵향이
꽃으로 쏟아진다.

두 손이 그린 꽃보다
입으로 그린 꽃이 더 아름다운
고통 속에 핀 검은 꽃.

시인의 에스프리

쉼을 찾아가는 늙은 낙타

박복영 시인

'눈물'이라는 말 속에는 슬픔과 서러움이 남아 있다. 기쁨 또한 존재하는 공존의 공간이기도 한 이 말은 자신의 주체에 대항하기보다 자신의 주체를 밖으로 밀어냄으로써 비워두기 삶이라는 언어의 배경을 설명하고 있다. 쟁취하기 위한 어제에서 나누기 위한 오늘과 비워두기 위한 내일을 꿈꾸는 일. 그것은 뜨거운 눈물이 내재한 삶과 식어버린 삶이 내재한 의미처럼 상반된 의미일 수 있다. 뜨겁다는 것은 현재의 직관적 의미로, 식어버린 것은 과거의 형태로 삶을 이끌고 있기 때문이다.

어쩌면 부정과 긍정이 함께 발자국을 찍는, 찍기 위해 일어서는 삶에 대한 긍정성이 「눈물의 멀미」에 있다 할 것이다. 멀미의 순간이 슬픔과 기쁨의 교차점일 수 있으며 다른 한편으로는 완전한 첫 발자국을 의미하거나 또는 마지막 발자국을 의미할 수 있어 눈물이 열어야 할 문(門) 즉, 세상으로의 문의 방향을 가리킨다고 할 수 있다. 문고리를 붙잡고 머물기보다는 밀고 나오기를 기대하는 의미의 배경 뒤에 시간적 제약이 없는 공간으로 그늘을 만들어 두고 있다는 뜻이다.

눈물이 넘어져 일어설 때까지 당분간
떨어뜨려놓고
멀미가 잦아든다면
식은 눈물이 무릎을 툭툭, 턴다면
살면서 견뎌야 할 하루는
이제 바닥에 있다

—「눈물의 멀미」 부분

바슐라르의 "시적인 것은 순간화 된 형이상학이다"라는 말처럼 이번 시집에서는 순간적 이미지를 도출하려고 애를 썼다. 기존의 틀을 벗어나 시어가 바라보는 눈, 그 눈은 나와 사물의 눈일 것이요 이 글을 읽는 독자의 눈일 것이다. 없는 가난과 가질 수 없는 설움은 서로의 삶을 공유한다. 나는 이 서러운 삶 속에서 없음과 눈물을 견딤으로써 서로의 삶을 껴안도록 하고 싶었다. 나와 사물과 독자가 서로를 껴안고 다독일 수 있다면, 도피하지 않고 긍정한다면 혼용의 세상은 좀 더 나아지지 않을까 생각하기 때문이다. 무심히 지나는 크로키적 상황이나 현상을 순간적 이미지로 끄집어내고 싶었다. 시적인 것이란 무엇이고 순간화 된 형이상학은 무엇인가. 잘은 모르겠으나 순간적인 감정의 반란이 시적인 것이라고 말하고 싶다. 가슴 내부를 찢고 나오는 순간적 발화된 감정 이때, 말할 수 없는 폭발. 그 무엇(빛, 속도, 굉음 등)이라는 뜻이다.

찰랑, 육교 앞에 엎드린 늙은 사내의 손바닥에 은전이 떨어진다.

밥그릇에 고이는 허기

내가 놓아버린 생각이 떨어져 부딪히는 순간, 늙은 사내가 기다려온 생각은 무엇이었을까

손바닥을 쓸고 가는 닳은 바람이 떨어뜨린 햇살의 무늬였을까

꼬막껍질 같은 손톱에 소리 없이 스며드는 어둠과 말라버린 눈꺼풀을 열면 아직, 고여 있을 눈물의 방을 끌어안은 늙

은 사내가 쟁여두었던 지친 생을 밥풀처럼 떼어먹는지 연신
고개를 끄덕인다.

환해지는 불빛들이 집으로 가는 길을 밝히는데

—「해질 무렵」 전문

「해질 무렵」에서 손이 밥그릇으로 밥그릇이 다시 허기와 생각으로 이어지며 지친 생을 서러움과 눈물로 이끌지만 사내의 배후에는 환한 불빛이 있음으로 언젠가는 나아질 수 있다는 희망적 가능성을 제시했다. 그러나 「밥」, 「밥줄」, 「밥통」이 내미는 의미처럼 '밥'을 생각하면 괜스레 눈물이 난다. 저녁 불빛처럼 식구들이 생각나고 따뜻한 아랫목이 그리워진다. 밥 속에는 슬픔과 서러움과 기쁨이 남아 있다. 결국 눈물과 같은 의미를 지닌다고 할 수 있다.

「밥」에서 "햇살에 말아놓은 종이밥이 차오르는 동안" 같은 유모차에 쌓이는 종이박스에서 밥이라는 한 끼를 위해 수고조차 마다하지 않는 가난한 자들의 일상이 기본적 생계조차 보장받지 못한다는 상실감을 불러오기도 하지만 이는 우리가 함께 보듬어야 할 삶이 아닐까. 할멈의 고된 걸음의 의미를 안다면 걸음 속에 든 고통마저 안으며 다시 일어서야 할 내면의 그 무엇을 찾아가길 바란다.

저 유모차는 밥그릇이다
기역자로 꺾인 할멈의 허리가 미는 밥그릇에
삐뚤삐뚤 쌓인 종이박스가 덜컹거릴 때마다
출렁이는 생계
흔들리는 밥알이 흘러내릴까
느린 걸음은 조심스럽다
더딘 발자국을 따라 쏟아지는 햇살이
밥그릇에 담긴 채 출렁거린다.
햇살에 말아놓은 종이밥이 차오르는 동안
환해지는 새벽이 아직 차가운 듯
밥그릇을 꽉, 쥔 닭발손마저 시립다
찬바람이
굵은 주름뿐인 얼굴을 헹궈내며 안쓰러운 듯
고봉밥을 밀어준다.
행여 흘릴까 밥그릇을 따라
검은 개가 그림자 속으로 숨어든다.
한 끼가 멀어져간다.

—「밥」 전문

「동련(冬蓮)」은 제목에서 바로 알 수 있듯이 겨울 연밭에 폐허가 된 연과 물 빠진 연못 바닥에 괸 물, 그리고 얼음과의 관계성을 드러낸 시다. 말라 허리 꺾인 연을 통해 노인과 상황을 설정하고 다시 피어나고픈 생성의 의미를 부여하기 위하여 이미지를 천착했다. 부서짐으로 봄을, 소리와 먹구름으로 표현한 것이 그것이다.

부서짐은 또 다른 생성을 낳는 일
바람이 수런거리며 소리를 모은다
노인의 등 뒤에 고인 소리들을 쥐어짜면
먹구름의 말들이 주르르 흘러내릴 것만 같다
제 몸 다 내어준 채 주저앉은
저 노인은 어리석다

—「동련(冬蓮)」 부분

시적 대상이 「늙은 소」, 「밥통」, 「늙는다는 것」, 「손톱」 등 몇 편의 시가 비켜갈 수 없는 세월을 노래한 것은 그 속에서 다른 이미지를 찾고자 한 것이다. 자기성찰의 기회를 세월 속에서 찾아보고 또는 죽은 나무의 「몸 안의 공명」이나 「살아온 것은 모두 굽었다」 등이 중반부를 이끌고 가는 쉽게 쓴 시들인데 이들이 내세우는 내적 이미지를 찾아낼 수 있기를 기대한다. 그것은 나 자신에 대한 내적 자아의 해설일 수도 있기 때문이다.

껍데기는 찌그러진 채 낡아 가는데

아직 잔고장 하나 없다
때가 되면 어김없이 밥줄을 당기는 입안의
이빨들. 완강하다

—「밥통」 부분

그래, 그래도 더불어 살아온 당신에게
따뜻한 햇살 한 그릇 올리고 싶다

—「늙는다는 것」 부분

「나무와 사귀다」는 1톤 트럭 하나로 전국 장날을 찾아 야채장사를 하는 분의 이야기다. 나무의 수액 같은 골목길을 오르며 악착같은 삶을 키워나가는 모습을 형상화했다. 이는 생을 쉽게 포기해버리는 몇몇 사람들에게 전하는 나의 작은 메시지인지도 모른다. 「낙타」를 통해서도 살아야 하는 의미를, 살아볼 만한 세상임을 다시 표현한 것도 같은 이유에서이다.

오독오독, 입안의 소금을 꾸역꾸역 씹어 삼킬 때마다 울컥, 목에서 올라오는 늙은 전갈의 따가운 집게발

몸이 흔들린다.

사십리 길을 맨발로 걸으며 사막에 핀 소금꽃을 따선 서해 바다 근처 어디라는 집으로 그을린 바람이며 햇살을 함께 택배로 부치는 사내.

—「낙타」 부분

한편으로 「오래된 시선」, 「가을 편지」처럼 재미없이 서정시의 굴레를 벗어나지 못한 시도 있다. 이를 중간 중간에 끼워 넣은 이유는 따분한 시를 읽는 동안에 잠시 쉬어가라는 의미이다. 쉽게 읽고 차 한잔 마시듯 시선을 한번쯤 쉬어가라는 뜻이다. 누구는 그냥 페이지를 넘길지도 모르겠으나 나는 쉽게 쓴 시들이 좋다. 쉽게 읽고 부담 없이 편하게 읽어주길 기대한다.

그리고 후반부에 「빈집의 하루」, 「추풍령 폭설, 그 하루」 등은 그 한 시절 이어진 나의 상황들에 대한 심정일 것이다. 「추풍령 폭설, 그 하루」는 언젠가 김천을 찾아가는 길에 만난 폭설과 그 속에 갇히기를 기대하는 내 마음의 절실함이 낳은 시다. 폭설 속에 갇히고 싶었듯이 의문 속에 갇히고 싶어 하는 내 마음의 질문이라고 생각하기 때문이다.

"무서운 물의 깊이 없이 아름다운 표면은 없다"고 한 니체의 말처럼 시어들이 내적 무서움을 지니고 있다면 좋은 시일 수밖에 없다. 짧은 문장이어도 무서운 내공을 포함하고 있다면 말이다. 그만큼 내공이 있는 시는 아름다운 시일 수밖에 없다. 물론 아름답다는 것과는 뜻이 다르게 해석될 수 있다. 시적 표현이 휘황찬란한 것과는 다르다는 것이다.

누구나 그러하겠지만 나는 정말 좋은 시를 읽으면 팔뚝에 소름이 돋는 것을 느낄 수 있다. 그만큼 무서운 시적 깊이를 이야기하는 것이라고 생각한다. 누구나 생애 동안 걸작 한 편을 찾아 뼈를 깎고 피를 말린다. 정말 나에게도 뼈를 깎고 피를 말리며 시를 써본 적이 있는가. 없다. 시의 강가를 걸으며 시를 찾아 갈대밭을 헤매며 물새알 두어 개, 혹은 갈대의 뿌리들이 움켜쥔 삶의 애착, 또는 빈 몸뿐인 갈대들의 서걱거림을 통해 나 자신의 넘어짐을 조심했을 뿐 시의 강에 발목을 걷고 들어가 강물 속 시어들을 찾아본 기억은 없는 것 같다. 하지만 조금은 강물에 발을 담가본 듯 개운하다. 강물 속에 내 몸을 씻진 못했으나 자신의 감정에 순간적 반란을 위해 나름대로 어둠 속을 헤맨 것 같기 때문이다.

내 시어들이 가진 삶에 대한 긍정, 혹은 부정은 어디까지일까. 쉼을 찾아가고픈 늙은 낙타의 눈에 눈물이 고인다. 고인 눈물이 떨어져 멀미하는 순간, “나는 달집에 들 수 있을까”(「달의 상처」), 달의 상처를 보듬고 정녕 잠들 수 있을까. 그것은 눈물이 게워낸 슬픔과 서러움 속에 내가 찾는 그 무엇이 있기 때문일 것이다.

문학의전당 시인선 154

눈물의 멀미

초판 1쇄 인쇄 2013년 5월 6일
초판 1쇄 발행 2013년 5월 13일
지은이 박복영
펴낸이 김석봉
책임편집 이현호
디자인 조동욱
펴낸곳 문학의전당
출판등록 제311-2012-000043호
주소 서울시 은평구 연서로11길 7-5 401호
편집실 서울시 마포구 공덕2동 404 풍림VIP빌딩 413호
전화 02-852-1977
팩스 02-852-1978
블로그 http://blog.naver.com/mhjd2003
전자우편 sbpoem@naver.com

ISBN 978-89-98096-28-1 03810

* 이 시집은 한국문화예술위원회와 경기문화재단의 지원을 받아 제작되었습니다.